AF603156

LA

FEMME A LA BROCHE

VAUDEVILLE EN UN ACTE,

PAR

MM. ANICET-BOURGEOIS ET CH. NARREY,

Représentée pour la première fois à Paris, sur le théâtre Montansier, le 30 octobre 1849.

DISTRIBUTION DE LA PIÈCE.

AGATHOCLE.	MM. GRASSOT.
GEORGES.	DERVAL.
LE RESTAURATEUR de l'établissement.	KALEKAIRE.
BIRMANN, tailleur allemand.	MASSON.
LUCIENNE.	Mlles BRASSINE.
BLONDINETTE, cousine de Lucienne.	AZIMONT.
CASTORINE, polkeuse.	DUPUIS.
PIED-DE-BICHE, polkeuse.	JULIETTE.

DEUX GARÇONS DU RESTAURANT.

POLKEURS, POLKEUSES, PERSONNAGES MUETS.

La scène se passe dans le parc d'Enghein, illuminé pour une fête de nuit.

SCÈNE I.

CASTORINE, PIED-DE-BICHE, *et autres polkeuses faisant irruption; un peu après,* LE RESTAURATEUR *de l'établissement.*

CHŒUR DE POLKEUSES.

AIR : *Ah ! quel charmant voyage !* (Du chevalier d'Essonne.)

Vive le frais ombrage,
Du bal d'Enghien et ses lions !
On n'y craint que l'orage,
Et la graiss' des lampions.

LE RESTAURATEUR, *entrant.* *

Soyez les bien-venues, mes belles polkeuses, à notre bal d'Enghien !

CASTORINE.

Mesdemoiselles, je vous présente le Restaurateur de l'établissement !

LE RESTAURATEUR.

Vous savez qu'il y a ici aujourd'hui une fête extraordinaire.

PIED-DE-BICHE.

Oui... comme à l'ordinaire... (*Toutes les femmes rient.*)

LE RESTAURATEUR.

Ah ! mademoiselle Pied-de-Biche, de votre part je ne m'attendais pas à une malice. (*A part.*) Cette fille-là est bête comme un chou. (*Haut.*) Je ne vous ferai pas mousser nos illuminations et notre feu d'artifice.

CASTORINE.

C'est usé.

LE RESTAURATEUR.

Mais écoutez le *Post-Scriptum* de notre affiche. (*Il tire de son gilet une immense affiche qu'il déploie et lit.*) : « Le fameux nabab touchtaoun, arrivé depuis peu par le chemin de fer, des Grandes-Indes à Paris, et qui possède une fortune de quarante millions, honorera cette fête vénitienne de sa présence.

* Castorine, le Restaurateur, Pied-de-Biche.

CASTORINE.

Nous savions cela... Aussi, vous le voyez, nous sommes toutes sous les armes.

PIED-DE-BICHE.

Qu'est-ce que c'est qu'un nabab?

LE RESTAURATEUR.

Un riche propriétaire d'Inde.

PIED-DE-BICHE.

D'Indre-et-Loire?

LE RESTAURATEUR.

Non, d'Inde. (*A part.*) En voilà une qui n'a pas inventé... la polka. (*Il remonte.*)

CASTORINE.

Tenez, * — voilà un des traits de ce milord asiatique. Un jour il s'ennuyait. C'était à Londres. Il éprouvait le besoin de revoir son Inde chérie... mais il ne voulait pas risquer la course, vu le mal de mer... Que fit-il? devinez!

PIED-DE-BICHE.

J'sais pas moi? il acheta un pavillon chinois...

CASTORINE.

Il fit venir l'Inde chez lui.

LES POLKEUSES, *admirativement.*

Ah!

CASTORINE.

L'Inde véritable... au naturel... ornée de ses arbres mirobolants, de ses fleurs impassibles, de ses perroquets, et de ses bayadères... le tout dans une serre chaude, grande comme le Champ de Mars, et avec un soleil de charbon de terre chauffé à cent cinquante degrés.

LES POLKEUSES.

Si c'est possible!

CASTORINE.

Il vous coudoie en passant. Prenez donc garde, Monsieur, lui crie-t-on d'une voix plus ou moins courroucée; on se regarde et l'on tombe de la colonne Vendôme, en se trouvant au poignet un bracelet de diamants qu'il y a adroitement entortillé.

LES POLKEUSES.

C'est charmant!

CASTORINE.

De plus...

* Castorine, Pied-de-Biche.

AIR *du partage de la richesse.*

C'est un monsieur qui fait très-bien les choses,
Il n'peut manquer d'être accueilli partout ;
Il aim' les femm's, les chevaux et les roses,
Il nous aim'ra pour peu qu'il ait bon goût.

PIED-DE-BICHE, *à une polkeuse.*

As-tu besoin d'un' broche ou bien d'un' montre,
Sur le passag' du nabab trouve-toi ;
Il couvre d'or tout's les femm's qu'il rencontre.

CASTORINE.

Tiens ! c'est pour ça qu' j'n'en ai pas pris sur moi.

LES POLKEUSES.

Quel homme distingué !

PIED-DE-BICHE, *au Restaurateur qui s'avance.*

Nous comptons sur vous, aimable Restaurateur, pour nous indiquer, dès qu'il entrera dans le parc, votre fameux nabal Touche-à-tout.

LE RESTAURATEUR.

Touchtaoum ! n'estropiez pas la langue.

PIED-DE-BICHE.

Je lui demanderai des leçons.

CASTORINE, *au Restaurateur.*

Vous devez le connaître, donnez-nous donc son signalement.

LE RESTAURATEUR.

Volontiers... un beau brun, orné de favoris... alpaga, breloques et chaînes de montre à discrétion... et du linge !... Oh ! par exemple, du linge !

CASTORINE.

Oh ! oui ! il doit faire beaucoup de linge.

PIED-DE-BICHE.

Je crois bien avec 40,000,000.

CASTORINE.

Je le vois d'ici : chemise batiste extra... manchettes idem... cravate et gilet plongeant... le tout blanc comme du sucre à 21 sous.

LE RESTAURATEUR.

Juste ! c'est tout son daguéréotype !

PIED-DE-BICHE.

Vous l'avez vu ?

LE RESTAURATEUR.

Jamais... mais mon usage de la haute société me permet cette af-

* Castorine, le Restaurateur, Pied-de-Biche.

firmation... Ah çà, mes charmantes mazourkeuses, méfiez-vous du petit pont qui traverse la pièce d'eau, là, à deux pas de nous, la balustrade n'est pas encore clouée, vous pourriez y piquer une tête.

CASTORINE.

Ça réveillerait les poissons. (*Le Restaurateur sort.*)

PIED-DE-BICHE.

Dis donc, Castorine, j'aperçois là-bas Blondinette.

CASTORINE.

Je la croyais retirée du monde.

PIED-DE-BICHE.

Il paraît qu'elle y rentre.

CASTORINE.

Pour nous souffler le nabab.

PIED-DE-BICHE.

Elle vient par ici avec sa cousine.

CASTORINE.

Ah oui! cette espèce d'artiste, une femme mariée, une chipie.

PIED-DE-BICHE.

Qui fait sa Jeanne d'Arc.

CASTORINE.

Faut leur brûler la politesse. (*L'orchestre joue, les groupes sortent successivement en polkant.*)

SCÈNE II.

LES MÊMES, BLONDINETTE, LUCIENNE.

BLONDINETTE, *allant vers Castorine.*

Tiens, c'est toi, Castorine...

CASTORINE, *polkant avec Pied-de-Biche.*

Pardon, Madame... vous voyez... que je suis occupée...

BLONDINETTE.

Pied-de-Biche!

PIED-DE-BICHE, *même jeu.*

Madame... j'ai payé ma consommation. (*A ce moment tous les groupes de polkeuses sont sortis.*)

SCÈNE III.

LUCIENNE, BLONDINETTE.

BLONDINETTE, *furieuse.*

Oh! elle feint de me prendre pour la cafetière!... une fille à qui j'ai appris à polker!...

* Lucienne, Blondinette.

LUCIENNE.

Pas de querelle, je t'en supplie.

BLONDINETTE.

Si ce n'était pas par respect pour toi... si je n'étais pas à présent une femme comme il faut... mais ton exemple m'encourage... peut-être que moi aussi je trouverai à me marier... en province ; car tu es bien mariée, n'est-ce pas, Lucienne ?

LUCIENNE, *souriant.*

Quelle question !

BLONDINETTE.

Mais là... indissolublement ?

LUCIENNE.

Sans doute.

BLONDINETTE.

Vrai !.. il y a des moments où je ne le crois qu'à moitié.

LUCIENNE.

Pourquoi ?

BLONDINETTE.

Parce que je ne vois jamais ton mari... qu'en peinture... sur cette broche qui ne te quitte pas... ah ça, l'original voyage donc toujours ?

LUCIENNE.

Toujours.

BLONDINETTE.

Quand reviendra-t-il ?

LUCIENNE.

Je ne sais.

BLONDINETTE.

Et à quelle paroisse l'as tu épousé ?

LUCIENNE.

Pour toi, comme pour tout le monde, là, s'arrêtent mes confidences.

BLONDINETTE.

C'est donc un mystère?

LUCIENNE.

Oui.

BLONDINETTE.

Je respecte tous les mystères.

LUCIENNE.

Tu sais qu'artiste dans l'âme, j'ai toujours rêvé l'indépendance, la liberté de mes actions. Eh bien... j'ai trouvé tout cela dans le mari que j'ai choisi.

BLONDINETTE.

Le fait est qu'il n'est pas gênant... un mari en peinture !

LUCIENNE.

AIR *de Francesca.* (Dans l'étourneau.)

Jamais grondeur, jamais volage.
Toujours riant et plein d'amour,
Chaque matin, à mon corsage,
Ma main le fixe pour un jour.
Quand la nuit vient, il trouve asile
Sur le marbre d'un guéridon,
Et si je boude, je l'exile
Dans un coffre, ou dans du coton.

Il n'est pas beau, n'est-ce pas, mon mari ?

BLONDINETTE.

Il s'en faut de tout.

LUCIENNE.

Je les aime comme cela.

BLONDINETTE.

Toujours excentrique ! comme on dit au café Anglais.

LUCIENNE.

C'est donc ici le bal d'Enghien ?

BLONDINETTE.

Comme tu vois ! pas si chicard que Mabille, pas si musqué que le Ranelagh, mais il a son charme.

LUCIENNE.

J'y pourrai faire mes observations... sous ton patronage... car c'est toi qui me guides sur cette mer orageuse des bals publics.

BLONDINETTE.

Hélas ! plus d'une fois mon faible esquif y chavira... Mais pour toi, Lucienne, si sage, et si décidée à l'être toujours, ces dangers-là n'existent pas... et puis *extrà muros*, nous avons l'espoir d'échapper à ton inévitable admirateur, tu sais, l'homme aux six portraits.

LUCIENNE.

Monsieur Georges ? c'est un homme très-distingué !

BLONDINETTE.

Qui te suit comme ton ombre... j'ai toujours peur de le voir sortir d'une trappe ou d'un lampion... se faire peindre par toi six fois en six semaines ! voilà ce qui s'appelle abuser du droit de séance.

LUCIENNE.

Si je l'écoutais, ce serait bien autre chose.

BLONDINETTE.

Certainement, cet homme a un coup de marteau pour toi.

LUCIENNE.

Je m'en suis bien aperçue.

BLONDINETTE.

Ah !

LUCIENNE.

Il pose ainsi du matin au soir, afin qu'il n'y ait de séances que pour lui. Une seule chose m'étonne, c'est de ne pas l'avoir aperçu dans le convoi.

SCÈNE IV.

LES MÊMES, GEORGES. *

GEORGES.

Ah ! madame !... je vous cherche partout.

LUCIENNE.

Monsieur Georges ici ? Qui donc vous amène à Enghien ?

GEORGES.

Une affaire... très-pressée... il faut absolument que vous me donniez un rendez-vous pour demain.

LUCIENNE, *fâchée*.

Un rendez-vous...

GEORGES.

Une séance, veux-je dire...

LUCIENNE.

Mais, Monsieur, il me semble que nous avons terminé votre sixième portrait.

GEORGES.

Oui, Madame... C'est pour commencer le septième

LUCIENNE.

Encore !

BLONDINETTE, *à part*.

Si c'était moi, comme je le ferais poser !

LUCIENNE.

Permettez moi de vous dire que tant d'insistance finirait par me compromettre.

* Georges, Lucienne, Blondinette.

GEORGES.

Telle n'est pas mon intention... je suis un amateur... des arts...

BLONDINETTE, *à part.*

Et des artistes.

LUCIENNE.

Ce tête-à-tête... ne peut se prolonger éternellement.

GEORGES.

AIR *de la colonne.*

Vous céderez encore à mes instances,
Un seul portrait.

LUCIENNE.

Non, Monsieur, c'est assez,
Et mes pinceaux, dans quarante séances,
Sur vous déjà se sont trop exercés.
Je vous le dis, oui vraiment, c'est assez.
J'ai bien voulu me rendre à vos prières,
Contentez-vous, Monsieur, de mes dessins,
A l'aquarelle, à l'huile si je peins,
Je ne fais pas de circulaires.

GEORGES.

Oh! Mademoiselle, n'avez-vous donc pas compris ?

LUCIENNE.

Je ne veux même pas chercher à comprendre : je suis mariée, Monsieur.

GEORGES.

Vous me l'avez déjà dit, mais... je ne vous crois pas.

LUCIENNE.

Par exemple !

GEORGES.

J'ai pris mes renseignements.

LUCIENNE.

Monsieur.

GEORGES.

Personne n'a jamais vu votre mari.

LUCIENNE, *lui montrant la broche.*

Le voila.

GEORGES.

Vous me renvoyez toujours... à la broche... Une miniature n'est pas un contrat de mariage. Au reste, ce monsieur est fort laid.

LUCIENNE, *fâchée.*

Monsieur !

GEORGES.

Et je vous sais trop de goût...

LUCIENNE, *plus doucement.*

Monsieur...

GEORGES.

Trop de talent, trop de génie...

LUCIENNE, *à part.*

Le moyen de se fâcher avec un pareil homme. (*Haut.*) Enfin je n'ai pas de compte à vous rendre...

GEORGES.

Peut-être !

LUCIENNE.

Comment ?

GEORGES.

Avouez-le, Mademoiselle...

BLONDINETTE, *à part, à Lucienne.*

Il y tient.

GEORGES.

Il est bien étrange qu'après six semaines de séances... assidues... vous n'ayez pu me dire encore le nom de ce prétendu mari, que dans mon ignorance je me vois forcé de qualifier de... Monsieur Lucienne... si je le rencontre jamais, c'est à lui que je m'en prendrai.

LUCIENNE.

De quel droit ?

GEORGES.

Du droit que me donne mon amour...

LUCIENNE.

Monsieur !...

GEORGES.

Mon amour pour votre beau talent...

LUCIENNE, *à part.*

A la bonne heure.

GEORGES.

Sera-ce toujours pour demain midi ?

LUCIENNE.

Quoi, Monsieur ?

GEORGES.

Ma séance... pour mon septième portrait.

LUCIENNE.

Pardonnez-moi, je suis capricieuse, et je me fatigue de peindre toujours la même figure.

GEORGES.

Mademoiselle!... (*Bruit extérieur.*)

BLONDINETTE, *remontant la scène.* *

Quel bruit! c'est sans doute le nabab.

GEORGES.

Le nabab! (*Souriant.*) Vous offrirai-je mon bras pour aller au devant de lui?

LUCIENNE.

Non, je ne tiens pas à voir les curiosités.

BLONDINETTE.

On le dit pourtant fort bien...

LUCIENNE.

Tu veux dire fort riche.

GEORGES.

L'un exclut-il l'autre?

LUCIENNE.

Souvent.

GEORGES.

Vous êtes bien sévère.

SCÈNE V.

LES MÊMES, LE RESTAURATEUR.**

LE RESTAURATEUR.

Voilà le nabab! voilà le nabab!

GEORGES.

Ah! faites-le-moi donc voir.

LE RESTAURATEUR, *montrant le côté qui servira d'entrée à Agathocle.*

Tenez, un brun... Ces dames le portent en triomphe.

LUCIENNE, *bas à Blondinette.*

Profitons du tumulte pour nous échapper. (*Elles sortent à droite.*)

GEORGES.

Ah! ah! cet homme-là est le nabab.

* Blondinette, Georges, Lucienne.
** Georges, le Restaurateur, Lucienne, Blondinette.

LE RESTAURATEUR.

Je vous l'affirme...

GEORGES.

Je vous l'accorde volontiers... c'est le nabab. (*S'apercevant du départ de Lucienne.*) Dieu! elle n'est plus là. Courons à sa recherche. (*Il sort à droite.*)

SCÈNE VI.

AGATHOCLE, PIED-DE-BICHE, CASTORINE, LES POLKEUSES.

(*Agathocle, cheveux et gros favoris bruns. Exagération de la mode gilet blanc très-ouvert, cravate blanche, les revers de l'habit jetés en arrière et laissant voir tout le linge.*)

CHŒUR.

AIR *de la Polka.*

Viv' le sultan de la polka
D'la mazurka,
Son air magnifique,
Est unique.
Il est brillant comme un soleil
A son réveil.
Le monde n'a pas son pareil.

AGATHOCLE.

D'honneur je suis au paradis.
Foin de Paris!
Dans ce jardin tout est magique
(*A Castorine.*) Mais vous en êtes l'ornement
Le plus charmant :
Enghien est donc en Orient.

CHŒUR. *Reprise.*

Viv' le sultan... etc.

AGATHOCLE, *leur prenant le menton.*

Eh! eh! mes petites chattes, nous lui avons donc fait une entrée à ce chéri! Nous émaillons de fleurs le chemin de sa petite existence... je suis satisfait. (*S'éventant avec son mouchoir.*) Je suis satisfait.

CASTORINE, *aux femmes.*

Comme il fait du linge! comme il fait du linge!

PIED-DE-BICHE.

J'crois bien... j'ai calculé... il a 117,000 francs à manger par jour.

[1] Castorine, Agathocle, Pied-de-Biche.

AGATHOCLE, *au public*.

Pour qui donc me prend-on ici? A moins qu'elles ne soient toutes de Brives... les gaillardes!... de Brives, mon endroit natal.

PIED-DE-BICHE.

Une polka! monsieur Touche-à-Tout.

CASTORINE.

Une redowa! monsieur Touche-à-tout.

AGATHOCLE, *à part*.

Elles m'appellent Touche-à-Tout. Serait-ce parce qu'en entrant je leur ai pris... le menton?

TOUTES LES POLKEUSES.

Oh! avec moi! avec moi!

AGATHOCLE, *se défendant*.

Mes petits anges! mes petits amours! ne me chiffonnez pas, je ne danse pas dans les lieux publics! Fi donc! pour qui me prenez-vous? (*Ritournelle de contredanse en sourdine à l'orchestre.*)

CASTORINE.

Eh bien, ici, après la contredanse!

AGATHOCLE, *se laissant aller sur une chaise*.

Oui, ma petite sauterelle.

PIED-DE-BICHE, *bas*.

Ici, après la polka...

AGATHOCLE.

Oui, mon trésor! (*Les polkeuses sortent en dansant.*)

AGATHOCLE, *à lui-même après la sortie*.

Ce steeple-chase avec mes créanciers m'a détraqué les jointures.

SCÈNE VII.

GEORGES, AGATHOCLE. *

GEORGES, *à lui-même*.

Impossible de la retrouver! Non, elle a beau dire... je ne puis croire à l'existence de ce mari... en effigie. Certainement on a le droit d'être laid... on en a le droit... (*Il regarde fixement Agathocle et s'interrompt.*)

AGATHOCLE, *à part*.

Ce monsieur récapitule ses droits civiques... il en aura pour longtemps.

GEORGES.

Ciel! je ne me trompe pas!

* Agathocle, Georges.

AGATHOCLE, *se levant.*

Qu'est-ce qu'il a donc à me regarder?

GEORGES.

C'est bien l'original... (*à lui-même*) du portrait... (*Très-haut.*) Monsieur!

AGATHOCLE.

Eh bien! quoi? (*A part.*) Il me fait des peurs...

GEORGES.

Savez-vous que votre femme est ici?

AGATHOCLE.

Ma f... quelle blague! Je suis garçon.

GEORGES.

J'en étais sûr.

AGATHOCLE.

Eh bien alors!

GEORGES.

Alors... c'est donc votre maîtresse?

AGATHOCLE, *avec fatuité.*

Laquelle?

GEORGES, *très-haut.*

Vous voulez me donner le change.

AGATHOCLE, *l'imitant.*

Quel change?

GEORGES.

Je vous ai reconnu!

AGATHOCLE.

Bah!

GEORGES.

Vous êtes l'homme de la broche.

AGATHOCLE.

L'homme de la broche!... ah çà, pour qui me prend-il cet animal-là?...

GEORGES.

Madame Lucienne vous cherche sans doute?

AGATHOCLE.

Madame Lucienne?

GEORGES.

Oui.

AGATHOCLE.

Dans quelle zone la prenez-vous, madame Lucienne?

GEORGES.

Vous ne la connaissez pas?

AGATHOCLE.

Non.

GEORGES.

Une femme charmante.

AGATHOCLE.

Tant mieux.

GEORGES.

Qui porte votre portrait... là, sur sa poitrine.

AGATHOCLE.

Mon portrait!

GEORGES.

Oui.

AGATHOCLE.

Sur une poitrine de femme.

GEORGES.

Oui, et affreusement ressemblant.

AGATHOCLE.

Oh! merci du renseignement... j'en ferai mon profit.

GEORGES, *l'empêchant de sortir.*

C'est ce que je ne souffrirai pas. *

AGATHOCLE, *à part.*

Cet homme est malade. (*Haut et plus doucement.*) Pardon, Monsieur, et tachez de suivre le fil de mon raisonnement... Vous me faites l'honneur de me dire : Une dame Julienne... Lucienne... enfin un nom en ienne, se tue le corps et l'âme à vous chercher... Je vous réponds : je vais tâcher de la retrouver. Grâce à votre indication bienveillante, je la reconnaîtrai facilement... Et vous me répliquez (*imitant Georges*) : C'est ce que je ne souffrirai pas... Est-ce logique ça? Voyons, est-ce logique?

GEORGES, *à part.*

Me serais-je trompé? (*Haut, et regardant Agathocle sous le nez.*) C'est cependant la même bouche.

AGATHOCLE.

Que quoi?

GEORGES.

Ce sont les mêmes yeux!

AGATHOCLE.

Que quoi?

GEORGES.

C'est le même nez... ridicule.

AGATHOCLE.

Avez-vous fini, Monsieur... Si une femme adorable ne me cherchait pas, je répondrais à vos drôleries... mais je cours...

* Georges, Agathocle.

GEORGES, *l'arrêtant.*

Pas si vite ! *

AGATHOCLE.

Aïe ! aïe ! prenez donc garde ! vous m'avez crevé un œil... de perdrix.

GEORGES.

Cela vous fâche...

AGATHOCLE.

Non, j'étais à la veille de m'en défaire

GEORGES.

Si pourtant...

AGATHOCLE.

Non, vous dis-je, je me déclare satisfait ! (*A part.*) C'est un spadassin ou un pédicure. Changeons la conversation... (*A un garçon qui entre par la gauche avec un carafon et des petits verres.*) Garçon, un petit verre de rhum. (*Le garçon exécute son ordre.*)

GEORGES, *à part.*

Il faudra bien qu'il se fâche ! (*Pendant qu'Agathocle s'est détourné pour payer le garçon, Georges boit le verre de rhum versé pour Agathocle.*)

AGATHOCLE, *furieux.*

Monsieur ! vous voulez donc me pousser à bout ?

GEORGES.

Je fais mon possible, vous voyez.

AGATHOCLE.

Saprelotte ! si votre intention est d'avoir une affaire avec moi, je vous défie...

GEORGES.

Fort bien.

AGATHOCLE.

D'y réussir.

GEORGES.

Allons donc !

AGATHOCLE.

AIR :

Vous me cherchez une sotte querelle,
Passez-moi l'mot : que vous ai-je donc fait ?

GEORGES.

Quelle est encor cette insulte nouvelle ?
De mes griefs le compte est trop complet.

* Agathocle, Georges

Depuis une heure enfin votre figure
Me déplait tant que je veux m'en venger.

AGATHOCLE.

Depuis une heure... et moi je vous assure,
Qu'voilà vingt ans que j'en voudrais changer.
Vous etes bon!... pour moi, je vous assure, etc.

GEORGES.

Cette plaisanterie...

AGATHOCLE.

En effet je plaisante, je fais de l'esprit sur moi, le sujet prète.

GEORGES.

Demain à dix heures.

AGATHOCLE.

Bon!

GEORGES.

Vous aurez la visite de mes témoins.

AGATHOCLE.

Bon!

GEORGES.

Voici ma carte.

AGATHOCLE.

Très-bon! (*Agathocle la met dans la poche de son gilet.*)

GEORGES.

J'attends la vôtre.

AGATHOCLE, *avec force donnant sa carte.*

La voici.

GEORGES.

Un conseil.

AGATHOCLE

D'ami?

GEORGES.

D'ennemi? passez la nuit entière au tir... à quarante pas je coupe une balle de pistolet sur une lame de couteau. (*Il sort à droite.*)

AGATHOCLE.

Est-ce encore une personnalité? voyons sa carte... Georges touch... un nom étranger... Fichtre, quel enragé! je n'aurais pas dû lui donner mon adresse... Ah! bast. je suis un homme, que diable... et quand nous serons seul à seul... là les yeux flamboyants... les armes à la main... je suis bien décidé... à lui faire des excuses...

SCÈNE VIII.

AGATHOCLE, CASTORINE, PIED-DE-BICHE.

Un grand éclat de rire précède leur entrée.

AGATHOCLE. *

Hein ? qu'est-ce qu'il y a ?

CASTORINE.

Un inspecteur des mœurs qui vient de se laisser choir du petit pont dans la pièce d'eau... on l'a dépouillé comme une anguille, et un pompier lui a prêté son costume... qu'il est drôle comme ça ! (*A l'oreille d'Agathocle.*) Il n'a encore que le casque.

AGATHOCLE.

Oh ! un inspecteur des mœurs ?

CASTORINE.

Ah ! ah ! ah !...

AGATHOCLE, *à part.*

Elle va se pàmer. (*Haut, lui avançant une chaise.*) Prenez une chaise.

CASTORINE, *se calmant tout à coup.*

Non, j'aimerais mieux prendre autre chose.

PIED-DE-BICHE.

Quelque chose de léger.

CASTORINE.

Du veau froid.

PIED-DE-BICHE, *câline.*

Et de la salade aux cornichons.

AGATHOCLE.

Par exemple ! c'est trop lourd pour vos petits estomacs.

PIED-DE-BICHE.

Oh ! non avec des œufs durs.

AGATHOCLE.

Vous aimez ce digestif ?

CASTORINE, *bas.*

Il faut pourtant qu'il se fende d'un souper. (*Haut.*) Regarde, Pied-de-Biche, comme monsieur a l'œil pur.

TOUTES DEUX.

Oui.

PIED-DE-BICHE.

Et le front serein !

* Pied-de-Biche, Agathocle, Castorine.

CASTORINE.

Oh ! oui, quel air *serin !*

AGATHOCLE.

Pas de calembourg, s'il vous plaît.

PIED-DE-BICHE, *passant les mains dans les cheveux d'Agathocle.*

A-t-il les cheveux doux et fins.

CASTORINE.

Voyons ? (*Même jeu.*) Oh ! on dirait des soies !

AGATHOCLE, *riant convulsivement.*

Ah ! ah ! ah ! laissez-moi, je suis chatouilleux comme un montagnard... écossais.

PIED-DE BICHE.

Monsieur Touche-à-Tout ! le homard est bien bon ici.

AGATHOCLE, *à part.*

Elles tirent sur moi à boulets ramés. (*Embrassant Pied-de-Biche.*) Bah ! lançons-nous ! Nous disons donc, mes petits ratons, que nous voudrions bien gobichonner un peu.

PIED-DE-BICHE.

Pas un peu ! beaucoup !

CASTORINE.

Ah ! oui ! beaucoup !

AGATHOCLE.

Sont-elles naïves ? Eh bien ! palsambleu ! qu'on m'envoie le gargotier.

CASTORINE, *à part.*

Quel bonheur !... il va commander des diamants en salmis, des rubis en gibelotte, et une salade de billets de banque.

TOUTES DEUX, *en sortant.*

Garçon !...

AGATHOCLE.

Ma foi ! puisque nous y sommes, ruinons-nous !

SCÈNE IX.

AGATHOCLE, LE RESTAURATEUR. *

LE RESTAURATEUR.

Mes deux oreilles sont à votre disposition.

AGATHOCLE.

Elles seraient trop dures pour la circonstance.

* Le Restaurateur, Agathocle.

LE RESTAURATEUR, *riant.*

Ah! ah! Monsieur pince du jeu de mots.

AGATHOCLE.

Huit couverts.

LE RESTAURATEUR.

A deux louis?

AGATHOCLE.

A deux francs, il n'y a plus de louis.

LE RESTAURATEUR.

Hein! vous dites.

AGATHOCLE.

Deux francs... par tête s'entend.

LE RESTAURATEUR.

Parbleu! je sais bien. (*A part.*) Serait-ce un nabab contrefait?

AGATHOCLE.

Comme je n'ai sur moi que du papier, (*à part*) les notes de mes fournisseurs, (*haut*) voici ma carte. (*Il lui donne une carte qu'il prend dans la poche de son gilet.*) Demain vous enverrez un de vos grooms... en bonnet de coton, recevoir les espèces.

LE RESTAURATEUR, *lisant.*

« Georges Touchtaoum. » (*Parlé.*) C'est bien le nabab; il plaisante, donnons-lui la réplique. (*Goguenardant.*) Nous disons donc deux francs par tête.

AGATHOCLE.

Je n'ai qu'une parole.

LE RESTAURATEUR.

Deux francs sans le vin?

AGATHOCLE.

Cela va sans dire... nous boirons de la bière...

LE RESTAURATEUR, *pouffant de rire.*

Quel farceur...

AGATHOCLE.

Il ne s'agit pas de folichonner... Qu'est-ce que vous me donnerez pour mes 40 sous.

LE RESTAURATEUR.

(*A part.*) Il est fort drôle. (*Haut.*) Tout ce que monsieur peut souhaiter de plus délicat. Nous avons un gigot de chevreuil.

AGATHOCLE.

Le gigot... c'est bien commun.

LE RESTAURATEUR.

Si monsieur le préfère, nous lui servirons des côtelettes à la purée d'ananas.

AGATHOCLE.

C'est bien socialiste.

LE RESTAURATEUR.

Vous voulez dire sensualiste.

AGATHOCLE.

C'est synonyme.

LE RESTAURATEUR.

Nous avons une belle truite saumonée.

AGATHOCLE.

Pas mal.

LE RESTAURATEUR.

Un buisson d'écrevisses du Rhin en regard d'un faisan truffé.

AGATHOCLE, *lui frappant sur la joue.*

Tout ça pour deux francs?

LE RESTAURATEUR, *riant toujours.*

Oui, Monsieur.

AGATHOCLE, *à part.*

Il a dû déjà servir ça à quelqu'un, c'est un dîner d'occasion; ne nous laissons pas refaire... mon ami.

LE RESTAURATEUR.

Monsieur? *

AGATHOCLE, *lui frappant sur l'épaule.*

Vous devriez me passer ça à 35 sous.

LE RESTAURATEUR, *riant à se tordre.*

Ah! ah! ah! à 30 sous si vous voulez.

AGATHOCLE.

(*A part.*) Ça a servi deux fois... mais à la campagne. (*Haut.*) Allons! vous êtes accommodant, vous aurez ma pratique.

LE RESTAURATEUR.

J'y compte. (*A part.*) J'avais bien compris, il me faisait une charg avec ses 40 sous. Je sais qu'il paie chouettement, je vais le servir idem.

AGATHOCLE, *lui donnant un coup de pied quelque part.*

Enlevez donc!

LE RESTAURATEUR.

Oh! (*A part, en sortant.*) Comme il est spirituel!

* Agathocle, le Restaurateur.

SCÈNE X.

AGATHOCLE, *seul.*

(*Pendant cette scène, deux garçons mettent le couvert pour huit personnes et sortent.*)

AIR :

Mon succès me monte à la tête,
Comm' du champagne à quarant' sous ;
Amphitryon de cette fête,
Les bell's me pai't en rendez-vous.
J'voudrais passer ma vie à table,
En y restant j'éviterais
Un quart d'heure désagréable,
Et c'est celui de Rabelais.

Depuis six mois que je suis dans la grande capitale, la spécialité artistique que j'essayai d'y importer ne m'a encore produit que des dettes.. en abondance.. C'est vrai, je suis très-riche.. en créanciers. O mes créanciers! depuis ce matin, à quelle course au clocher ils se sont livrés à mon égard... mon tailleur surtout, M. Birmann, un mulet, un Allemand, un homme très-fort, un ancien hercule du nord, je le fuyais depuis sa dernière fourniture; il me rencontre en cabriolet et il arrête mon cheval à bras tendus... en lui présentant son mémoire... Pendant qu'ils s'expliquent ensemble, je saute à bas du milord et je viens m'embrancher sur le chemin de fer d'Enghien, qui me vomit sous les ombrages de cet établissement... Ici la scène change, le physique fait son effet et j'entre dans la série de triomphes dont je n'ai encore savouré que le premier chapitre... Oh! la Femme à la broche! que j'oubliais... Il faut que je la trouve... Pour ça, il faut que je me cherche, je me reconnaîtrai si je suis ressemblant.

SCÈNE XI.

LUCIENNE, AGATHOCLE. *

LUCIENNE, *sans voir Agathocle.*

Tâchons de trouver ma cousine qui, elle aussi, a voulu voir le nabab... où est-elle passée?

* Lucienne, Agathocle.

AGATHOCLE, *à part.*

Voilà une petite dame qui ressemble énormément à une âme en peine. (*Lui prenant la taille.*) Madame.

LUCIENNE.

Monsieur, vous vous trompez. *

AGATHOCLE, *à part.*

Elle a une broche !... c'est bien mon galbe.

LUCIENNE.

Monsieur !

AGATHOCLE.

C'est ma chevelure luxuriante... c'est mon œil américain.

LUCIENNE, *le regardant.*

Ah ! mon Dieu ! (*Elle cherche à se cacher.*) C'est lui !

AGATHOCLE.

Je suis flatté, Madame... pas par le peintre, c'est un fameux massacre... Enfin vous allez m'expliquer comment je suis assez heureux pour que mes faibles traits... et vous les portez dans un endroit si... agaçant.

LUCIENNE, *à part.*

Comment sortir de là ? **

AGATHOCLE.

Oh ! ne vous défendez pas d'un sentiment... qui... vous honore...

LUCIENNE, *à part.*

Eh bien ! il est assez fat.

AGATHOCLE.

Moi-même, je me sens ému... (*Changeant de ton.*) Seriez-vous assez bonne pour rafraîchir mes souvenirs... Où ai-je eu le plaisir de poser devant vous... hein ?

LUCIENNE.

Mais, Monsieur, je ne vous connais pas... je ne vous ai jamais vu...

AGATHOCLE.

Allons donc.

LUCIENNE.

AIR *d'Yelva.* (Du baiser au portier.)

Sur mon honneur, Monsieur, je vous le jure.

AGATHOCLE.

Mais vous avez cependant mon portrait.

* Agathocle, Lucienne.
** Lucienne, Agathocle.

LUCIENNE.

C'est par hasard que là votre figure
Est retracée.

AGATHOCLE.

Oh! c'est moi trait pour trait.
Femme de goût — oui c'est bien mon portrait.

LUCIENNE.

Il me protége contre les entreprises
De nos dandys et de nos lionceaux.

AGATHOCLE.

Vous m'accrochez comme on fait pour les cerises,
Quand on en veut éloigner les oiseaux.
Vous m'exposez... comme on fait pour les cerises,
Oui je suis là pour fair' peur aux oiseaux.

L'emploi n'est pas flatteur!... ah ça mais, Madame, j'ai donc posé à mon insu?

LUCIENNE.

Pardonnez-moi, Monsieur, si, sans vous consulter, mettant à profit une rencontre fortuite en omnibus je me suis permis... de retracer de souvenir...

AGATHOCLE.

Ah! avec moi... les femmes peuvent tout se permettre... *à part* excepté la dépense.

LUCIENNE.

Maintenant que vous savez tout... Monsieur... *(Elle veut sortir.)*

AGATHOCLE. *

Oh! puisque j'ai eu le bonheur de vous retrouver, je m'attache à vous... comme mon portrait.

LUCIENNE.

Monsieur, je ne suis pas seule ici.

AGATHOCLE.

Un rival! ah! oui, un monsieur Georges... qui m'a traité de lame de couteau...

LUCIENNE.

Monsieur Georges... vous le connaissez?

AGATHOCLE.

Parbleu! je déjeune chez lui demain, *(à part)* car l'affaire s'arrangera.

LUCIENNE.

De grâce! Monsieur, s'il vous interroge, pas un mot de ce que je vous ai révélé.

* Agathocle, Lucienne.

AGATHOCLE.

Je peux m'engager à cela.

LUCIENNE.

Vous pouvez seulement convenir avec monsieur Georges que vous connaissez mon mari.

AGATHOCLE.

Votre mari !

LUCIENNE.

Dites-lui, si vous voulez, que c'est vous...

AGATHOCLE.

Moi, votre mari... hélas ! je ne le suis qu'en aquarelle... et c'est bien peu... ah! c'est bien peu !

LUCIENNE.

AIR :

Sur notre hymen racontez une histoire.

AGATHOCLE.

A bien mentir je suis fort aguerri.

LUCIENNE.

En vous voyant d'ailleurs chacun peut croire,
Qu'on doit de vous, Monsieur, faire un mari.

AGATHOCLE.

Si ça vous plaît, j'excit'rai son envie ;
Pour le convaincre, il ne serait pas mal,
Qu'il vît poser un peu l'original,
Juste où se trouve la copie,
Et je crois que l'original
Y ferait mieux que la copie.

LUCIENNE.

Si vous êtes trop galant, on s'apercevra bien vite que je ne suis pas votre femme...

AGATHOCLE.

Nous pouvons n'être mariés que d'hier... ça s'est vu.

LUCIENNE.

Je me sauve :

AGATHOCLE, *la poursuivant.*

Il y a des gens qui ne sont mariés que d'hier. (*Lucienne se sauve à droite, Agathocle va la poursuivre ; il est arrêté par un bras qui se tend devant lui et contre lequel il se heurte et s'arrête.*) Que c'est bête ! qui est-ce qui a mis un poteau au milieu du chemin ?

SCÈNE XII.

AGATHOCLE, BIRMANN *

BIRMANN.

Qu'appelez-vous poteau ?

AGATHOCLE.

Fichtre, monsieur Birmann mon tailleur... l'hercule du Nord.

BIRMANN.

Che vous tiens, mon petit.

AGATHOCLE, *cherchant à se dégager.*

C'est un étau de maréchal ferrant.

BIRMANN.

Dis donc ! si vous ne me payez pas tout de suite, che vous retire mon habit.

AGATHOCLE.

Et les convenances...

BIRMANN.

De l'archent, ou ché vous casse !

AGATHOCLE.

De l'argent... j'en attends la semaine qui vient.

BIRMANN.

Quand on n'a pas d'argent on ne fait pas tant de linche. (*Il lui retire l'habit.*) Rendez-moi ça de bonne volonté, où je vous écorche.

AGATHOCLE.

Il le ferait comme il le dit... il en a l'habitude.

BIRMANN, *brossant l'habit et le pliant.*

Comme il me l'a arranchè... Bah ! avec un betit coup de fer... il servira pour un autre... Vite le bantalon à présent.

AGATHOCLE.

Le pantalon !.. ah mais, ah mais ! et les mœurs ? D'ailleurs, ce n'est pas à vous que je le dois.

BIRMANN.

C'est chuste . c'est à monsieur Stœpel, mon confrère... je vais vous l'envoyer. **

AGATHOCLE, *vivement.*

Il est ici ?

BIRMANN.

Ainsi que votre bottier, votre gantier et votre chapelier. (*Il sort avec l'habit.*)

* Birmann, Agathocle.
** Agathocle, Birmann.

AGATHOCLE.

C'est donc une réunion de créanciers? Dieu! que ce bal est mal composé!

SCÈNE XIII.

AGATHOCLE, *seul.*

Que vais-je devenir en manches de chemises?. . Ce malotru me coupe les myrtes que j'allais cueillir, je ne puis pas souper..... Comme ça, je ne puis pas même sortir de ce jardin, et voilà mes invitées qui arrivent : elles vont me prendre pour un domestique... Oh! je donnerais cent sous pour être sur le chemin de fer, wagon première classe... en route pour Bruxelles, cette patrie de ceux qui n'en ont plus!...

VOIX *en dehors.*

Par ici!... par ici!... voilà l'heure du souper!...

AGATHOCLE.

Les voilà!... où me cacher? Partout des lampions... des lanternes...! Ah! dans ce bosquet... en attendant que je puisse filer. (*Il se cache à gauche.*)

SCÈNE XIV.

AGATHOCLE, *sous la table,* LUCIENNE, BLONDINETTE, CASTORINE, LES POLKEUSES; *puis* LE RESTAURATEUR.

(*Des garçons apportent le souper.*)

AIR *de la chaise brisée.*

Que tout, ce soir,
Soit monstre, mais monstre aimable!
C'est un devoir
D'aimer le monstre ce soir.

LUCIENNE, *bas à Blondinette.*

Comment, tu as promis d'assister à ce souper?

BLONDINETTE.

Assister! mieux que ça; j'ai l'estomac dans mes brodequins.

CASTORINE.

Où est l'amphitryon?

TOUTES LES FEMMES.

Monsieur Touche-à-Tout! Monsieur Touche-à-Tout!...

* Agathocle, Castorine, Polkeuses, Lucienne, Blondinette.

LE RESTAURATEUR, *entrant.*

Mesdemoiselles, on a fait une battue générale, et on ne le trouve nulle part : c'était un faux nabab.

TOUTES LES FEMMES.

Ah !

LE RESTAURATEUR.

Vous comprenez, mes petites dames, que je remporte le menu. (*Aux garçons.*) Enlevez.

TOUTES LES FEMMES.

Non ! non ! nous ne le souffrirons pas...

LE RESTAURATEUR.

Mesdames, respectez l'argenterie !

CASTORINE.

C'est du Ruolz. (*Chacune des femmes s'empare d'un des accessoires du souper.*)

SCÈNE XV.

LES MÊMES, GEORGES. *

GEORGES.

Eh bien ! Qu'y a-t-il donc ?

LUCIENNE, *à part.*

Monsieur Georges !

GEORGES, *à part.*

La voilà (*Haut.*) Vous alliez vous mettre à table ; mais ce souper n'est pas digne de vous, mesdames. (*Aux garçons.*) Emportez et servez dans la salle du bal un banquet pour toutes les personnes qui sont dans le parc. Vous les inviterez de ma part.

LE RESTAURATEUR.

De sa part, il est bon. Il y a quinze cents personnes dans le parc, ça coûterait 15,000 francs. Farceur !

GEORGES.

Payez-vous. (*Il lui donne un paquet de billets de banque.*)

LE RESTAURATEUR, *se rapprochant des dames.* **

Du vrai Garat.

* Agathocle, Polkeuses, Georges, le Restaurateur, Blondinette, Lucienne.

** Agathocle, Castorine, Polkeuses, Georges, Blondinette, le Restaurateur, deuxième plan.

PIED-DE-BICHE, *à part.*

C'est un parent de la Banque de France.

BLONDINETTE.

Celui-là, c'est le vrai nabab.

GEORGES.

Oui, Mesdemoiselles, je l'avoue.

TOUTES.

Vive le nabab !...

LUCIENNE, *à part.*

Je le savais bien.

GEORGES.

Eh bien! Mademoiselle!... à présent que vous me connaissez, puis-je espérer...?

LUCIENNE, *souriant.*

Désolée, Monsieur, d'être obligée de vous le dire, vous avez moins de chances que jamais.

GEORGES.

Cependant...

LUCIENNE.

Monsieur, je vous répète que je suis mariée, ou que je veux l'être, ce qui revient absolument au même.

GEORGES.

Oh ! il ne sera pas dit que pour la première fois, j'aurai formé un désir sans pouvoir le réaliser. (*Aux polkeuses.*) Mesdemoiselles, veuillez bien vous occuper des invitations... Commandez tout ce que vous voudrez, je paierai tout ce que vous aurez commandé. (*Lucienne et Blondinette sont sorties pendant ces derniers mots.*

CASTORINE.

Quel amour d'homme !... ah ! si je me commandais six mille livres de rentes pour mon dessert.

GEORGES.

Elle n'est plus là !

AIR *de la chaise brisée.*

Que tout, ce soir,
Soit monstre, mais monstre aimable !
C'est un devoir,
D'aimer le monstre ce soir.

SCÈNE XVI.

AGATHOCLE, GEORGES.

GEORGES, *regardant à droite.*

Ah! je l'aperçois!... pour m'éviter elle traverse le petit pont qui conduit à l'île du jardin. (*Cris au dehors.*) Ah!... elle vient de tomber dans la pièce d'eau! (*Il ôte son habit, tout en disparaissant un instant dans la coulisse.*)

AGATHOCLE, *rentrant à gauche en courant.*

Impossible de sortir... je donnerais tous mes créanciers pour un habit... un habit!

GEORGES, *rentrant et lui jetant le sien.*

Tenez, garçon... (*Il sort vivement.*)

AGATHOCLE.

Hein!... est-ce une illusion!... un habit!...

AIR *des premières armes du diable*

Habit qui me tombes des nues,
Sauve-moi!
Mes qualités sont revenues
Avec toi!
Sans toi, j'étais un pauvre diable
Très-suspect;
Je deviens un homm'respectable
Par ton fait.
Je vais, dans une autre patrie,
Conquérir
Les myrtes qu'Amour me convie
D'y cueillir.
Maintenant sans peur,
A toute vapeur,
Gagnons la Belgique;
Ce pays magique,
Où le créancier
Trinque avec l'huissier.

VOIX, *en dehors.*

Sauvé!... sauvé!...

AGATHOCLE.

On vient!... filons! (*Il sort en courant.*)

SCÈNE XVII.

GEORGES, BIRMANN, LUCIENNE, BLONDINETTE, CASTORINE, PIED-DE-BICHE. *

GEORGES.

Rassurez-vous, mes amis... rassurez-vous...

LUCIENNE.

Comment vous témoigner ma reconnaissance?

GEORGES.

Ce n'est rien!...

PIED-DE-BICHE.

Comment! ce n'est rien .. Et il a le cœur d'imposer silence à nos transports, lorsque nous pleurons d'admiration!

CASTORINE.

Vous feriez bien mieux de lui chercher son habit qu'on ne retrouve pas.

BIRMANN.

Son habit!... ah! vous êtes volé!...

TOUS.

Volé!

BIRMANN.

Je l'ai vu sur le dos d'Agathocle, ma pratique.

CASTORINE.

Un homme cousu d'or... Mais cet habit contenait peut-être des valeurs?

GEORGES, *vivement.*

Très-importantes...

LUCIENNE.

Vraiment!

GEORGES.

Toute ma fortune.

PIED-DE-BICHE.

Est-il possible...

LUCIENNE.

Mon Dieu!... et c'est moi qui suis cause...

BIRMANN.

Mais il aura pris le chemin de fer.

CASTORINE.

Et voilà le convoi qui part.

* Blondinette, Lucienne, Georges, Pied-de-B[illegible] mann.

TOUS, *sortie*.

Courons! courons!...

SCÈNE XVIII.

GEORGES, LUCIENNE. *

LUCIENNE.

Ah! Monsieur, vous allez me haïr.

GEORGES.

Vous haïr?... pourquoi?...

LUCIENNE.

Le service que vous m'avez rendu vous coûte toute votre fortune.

GEORGES.

C'est vrai...

LUCIENNE.

Un pareil malheur sera le chagrin de toute ma vie.

GEORGES.

Ne pouvant rien y faire... le plus sage pour tous deux serait de l'oublier.

LUCIENNE.

C'est impossible.

GEORGES.

Je vous croyais plus philosophe.

LUCIENNE.

Maintenant que vous voilà ruiné par ma faute...

GEORGES.

Croyez-vous que je manque de courage et d'énergie... non. Cette puissance que me donnait ma fortune, je la retrouverai dans ma volonté.

LUCIENNE.

Ah! Monsieur, je vous admire.

GEORGES.

Ce n'est pas là le sentiment que je serais heureux de vous inspirer.

LUCIENNE.

Dans un pareil moment, pouvez-vous avoir le courage...

GEORGES.

Je suis un original...

* Lucienne, Georges.

LUCIENNE.

Mais enfin que ferez-vous ?

GEORGES.

Je recommencerai à travailler, comme autrefois.

LUCIENNE, *à part.*

Travailler !...

GEORGES.

Mais, alors, j'avais vingt ans... j'aimais... du moins je croyais aimer... et je m'imaginais... fou que j'étais ! que je pouvais inspirer une passion durable.

LUCIENNE.

Pourquoi non ?

GEORGES.

Aujourd'hui, j'aime encore avec la même ardeur... mais je ne crois plus que l'on puisse m'aimer.

LUCIENNE.

Ah ! monsieur Georges !

GEORGES.

Ne craignez plus rien, Mademoiselle, je ne vous parlerai plus de mes sentiments, à présent surtout...

LUCIENNE.

Mais au contraire, Monsieur, c'est le moment de m'en parler.

GEORGES.

Que dites-vous ?

LUCIENNE.

Après ce que vous venez de faire pour moi... et maintenant que me voilà plus riche que vous.

GEORGES.

Eh bien ?

LUCIENNE.

Eh bien !... je puis vous l'avouer... je ne suis pas mariée.

GEORGES.

Lucienne ! ah ! vous me rendez le plus heureux des hommes ! et maintenant, confidence pour confidence... apprenez...

SCÈNE XIX.

LES MÊMES, *le Restaurateur.* *

LE RESTAURATEUR.

Victoire ! victoire ! il est retrouvé.

* Lucienne, le Restaurateur, Georges.

GEORGES.

Qui donc ?

LE RESTAURATEUR.

L'habit.

LUCIENNE.

O ciel !

LE RESTAURATEUR.

Il vient d'être arrêté dans le wagon de Bruxelles... comme il allait quitter la station.

LUCIENNE.

Ah ! Monsieur, j'ai parlé trop tôt.

SCÈNE XXI.

ES MÊMES, AGATHOCLE, *suivi de tous les gens du bal, les vêtements en lambeaux.* *

BIRMANN.

Voilà... votre homme !

AGATHOCLE.

Ou du moins ce qu'il en reste. (*On lui arrache les derniers fragments de son habit.*) Prenez garde ! vous allez me déchirer !

LE RESTAURATEUR.

Vite, sondez les doublures.

GEORGES.

Inutile ! je les lui abandonne.

BLONDINETTE.

Avec ce qu'elles contiennent.

BIRMANN.

Il pourra payer ses dettes alors.

GEORGES.

Je m'en charge.

BIRMANN.

Vous avez donc encore vos millions ?

GEORGES.

Ils n'ont couru aucun danger...

LUCIENNE.

Ah ! Monsieur ! c'était une épreuve ! Si je l'avais su...

* Birmann, Pied-de-Biche, Castorine, Lucienne, Georges, Blondinette, le Restaurateur.

GEORGES.

J'ai votre parole ; à compter de demain, vous voilà condamnée à ne plus donner de séances qu'à votre mari.

TOUS.

Son mari !

LUCIENNE, *donnant la broche à Agathocle.*

Monsieur... j'ai le plaisir de vous rendre à vous-même.

AGATHOCLE.

Ah ! nous divorçons.. (*A part.*) Suis-je monté en or?... Oui... Ça trouvera son emploi. (*A Georges, en lui donnant une poignée de main.*) Sans rancune, n'est-ce pas?

BLONDINETTE.

Mais, quel est donc ce monsieur qui fait tant de linge?

GEORGES, *tirant la carte de sa poche.*

Je vais vous le dire. (*Lisant.*) AGATHOCLE, *chemisier*.

AGATHOCLE.

Spécialité. (*Montrant ses manches.*) Voyez comme c'est cousu.

TOUT LE MONDE.

Un chemisier !

AGATHOCLE.

Qui va s'établir, et qui vous demande à tous votre pratique.

CASTORINE.

Eh bien ! et le souper ?... et la redowa?...

LE RESTAURATEUR.

C'est qu'il est minuit !... le dernier convoi va partir.

GEORGES.

Qu'à cela ne tienne ! Faites rallumer le gaz.,. rassemblez l'orchestre. Je commande un nouveau souper... un second feu d'artifice... et pour le retour, je paie un convoi spécial!...

TOUT LE MONDE.

Vive le nabab !

PIED-DE-BICHE.

Et en avant la redowa !...

CHŒUR.

AIR *connu*.

A l'hymen qui les unit,
Ici chacun applaudit ;
Dansons notre Redowa,
Pour nous le bonheur est là.

(*Redowa dansée par Agathocle, Pied-de-Biche et Castorine, et à laquelle se joignent deux polkeuses. — Après la redowa, le rideau tombe.*)

Poissy. — Typographie ARBIEU.

www.ingramcontent.com/pod-product-compliance
Ingram Content Group UK Ltd.
Pitfield, Milton Keynes, MK11 3LW, UK
UKHW022003260726
13994UKWH00004B/1920

9 782329 421643